Serie Ciclos de vida

El ciclo de vida del

MOSQUITO

Bobbie Kalman

Crabtree Publishing Company

www.crabtreebooks.com

Serie Ciclos de vida
Un libro de Bobbie Kalman

Dedicado por Crystal Foxton
Para mi hermano Kevin, por ser una adorable "peste"

Autora y editora en jefe
Bobbie Kalman

Investigación
Hadley Dyer

Editora de contenido
Amanda Bishop

Editoras
Molly Aloian
Kelley MacAulay
Rebecca Sjonger
Kathryn Smithyman

Director artístico
Robert MacGregor

Diseño
Margaret Amy Reiach

Coordinación de producción
Heather Fitzpatrick

Investigación fotográfica
Crystal Foxton

Consultora
Patricia Loesche, Ph.D., Programa sobre el comportamiento de animales, Departamento de Psicología, University of Washington

Fotografías
© CDC: página 10; James Gathany: portada (mosquito), páginas 12, 18, 20, 27 (pie de página), 29; Graham Heid y Dr. Harry D. Pratt: páginas 26, 30 (parte superior); OMS: página 8
Bruce Coleman Inc.: Kim Taylor: páginas 13 (parte superior), 30 (pie de página)
© Dwight R. Kuhn: páginas 4, 13 (pie de página), 14, 15, 16, 21 (parte superior), 23, 28, 31
Robert McCaw: página de título, páginas 3, 5 (pie de página), 21 (pie de página), 25
Minden Pictures: Jim Brandenburg: página 17; Michio Hoshino: página 19
Visuals Unlimited: Bill Beatty: página 24; Dr. Dennis Kunkel: página 11; Kjell Sandved: página 5 (parte superior); Science VU: página 27 (parte superior)
Otras imágenes de Digital Vision

Ilustraciones
Barbara Bedell: página 27
Katherine Kantor: portada y contraportada, borde, página de título, páginas 4, 5, 6, 7, 9, 19, 20, 21, 22, 24, 26, 28, 29, 30, 31

Traducción
Servicios de traducción al español y de composición de textos suministrados por translations.com

Crabtree Publishing Company

www.crabtreebooks.com   1-800-387-7650

Library of Congress Cataloging-in-Publication Data
Kalman, Bobbie, 1947-
    [Life cycle of a mosquito. Spanish]
    El ciclo de vida del mosquito / written by Bobbie Kalman.
        p. cm. -- (Serie Ciclos de vida)
    Includes index.
    ISBN-13: 978-0-7787-8667-2 (rlb)
    ISBN-10: 0-7787-8667-6 (rlb)
    ISBN-13: 978-0-7787-8713-6 (pbk.)
    ISBN-10: 0-7787-8713-3 (pbk.)
    1. Mosquitoes--Life cycles--Juvenile literature. I. Title.
    QL536.K35 2006
    595.77'2--dc22   2005003681
                                                  LC

**Publicado en
los Estados Unidos**
PMB 16A
350 Fifth Ave.
Suite 3308
New York, NY
10118

**Publicado
en Canadá**
616 Welland Ave.,
St. Catharines,
Ontario, Canada
L2M 5V6

**Publicado en
el Reino Unido**
73 Lime Walk
Headington
Oxford
OX3 7AD
United Kingdom

**Publicado
en Australia**
386 Mt. Alexander Rd.,
Ascot Vale (Melbourne)
V1C 3032

Contenido

¿Qué son los mosquitos?

Los mosquitos son **insectos** voladores pequeños. Son **invertebrados**, es decir que no tienen columna vertebral. Al igual que todos los insectos, los mosquitos tienen seis patas y un par de alas. Hay más de 3,000 **especies** o tipos de mosquitos. Viven en todo el mundo. Hay cerca de 200 especies de mosquitos en América del Norte.

Muy resistentes

A los mosquitos se les conoce por su zumbido y su picadura, pero hay mucho más por aprender sobre estos animales asombrosos. Han vivido en la Tierra desde la época de los dinosaurios. Para sobrevivir se han **adaptado** a los cambios del medio ambiente.

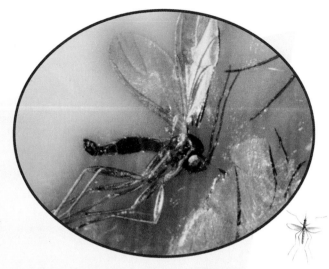

*Este mosquito quedó atrapado en **ámbar**, o savia de un árbol antiguo, hace 38 millones de años.*

¡Tantos mosquitos!

Los mosquitos se encuentran por todo el mundo. Casi todos viven cerca del agua. Muchas especies de mosquitos viven en lugares que son cálidos, húmedos y sombreados, como pantanos, bosques y junglas. También se encuentran en parques, granjas, ciudades y jardines. Algunas especies viven en lugares muy fríos, como el Ártico, pero sólo están activos durante los meses cálidos del verano. Otras especies viven en desiertos pero están activos sólo cuando llueve.

Durante los veranos cortos de las regiones del norte, los animales, como este ciervo, a menudo están cubiertos de mosquitos.

Mosquitos de cerca

El cuerpo de los mosquitos tiene tres secciones principales. La cabeza contiene todos los **órganos sensoriales**, que perciben la luz, el sonido, el calor y los olores. El **tórax** es la parte central del cuerpo. Las alas y patas están fijas al tórax.

En el **abdomen** el mosquito **digiere** o descompone la comida. Los siguientes diagramas muestran algunas de las diferencias entre los machos y las hembras.

El mosquito doméstico común mide entre $^1/_8$ y $^1/_4$ de pulgada (entre 0.3 y 0.6 cm).

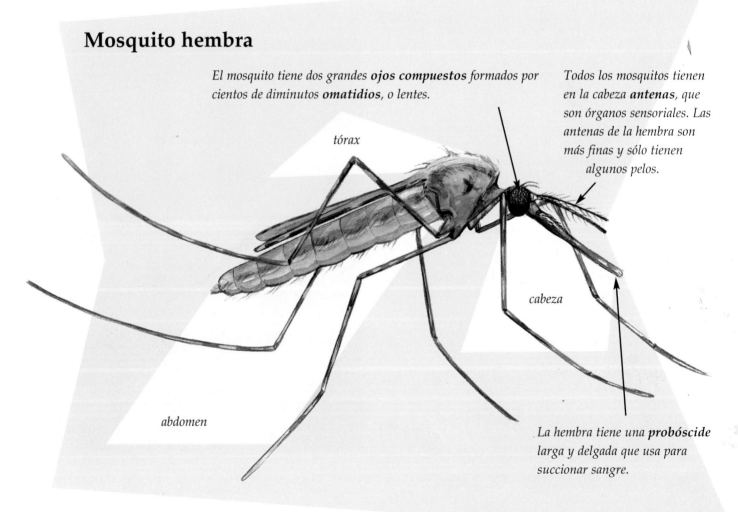

Mosquito hembra

*El mosquito tiene dos grandes **ojos compuestos** formados por cientos de diminutos **omatidios**, o lentes.*

*Todos los mosquitos tienen en la cabeza **antenas**, que son órganos sensoriales. Las antenas de la hembra son más finas y sólo tienen algunos pelos.*

tórax

cabeza

abdomen

*La hembra tiene una **probóscide** larga y delgada que usa para succionar sangre.*

Los parientes de los mosquitos

Los mosquitos pertenecen a la familia de insectos llamada moscas verdaderas. Las moscas verdaderas tienen un par de alas, un cuerpo pequeño y una boca con un aparato para succionar. Las típulas, las mosquillas y los jejenes también son moscas verdaderas.

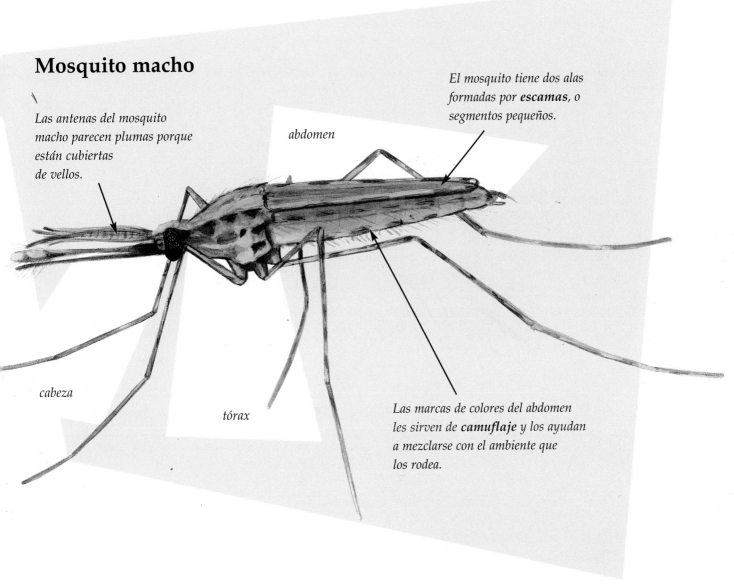

Mosquito macho

Las antenas del mosquito macho parecen plumas porque están cubiertas de vellos.

*El mosquito tiene dos alas formadas por **escamas**, o segmentos pequeños.*

abdomen

cabeza

tórax

*Las marcas de colores del abdomen les sirven de **camuflaje** y los ayudan a mezclarse con el ambiente que los rodea.*

¿Qué es un ciclo de vida?

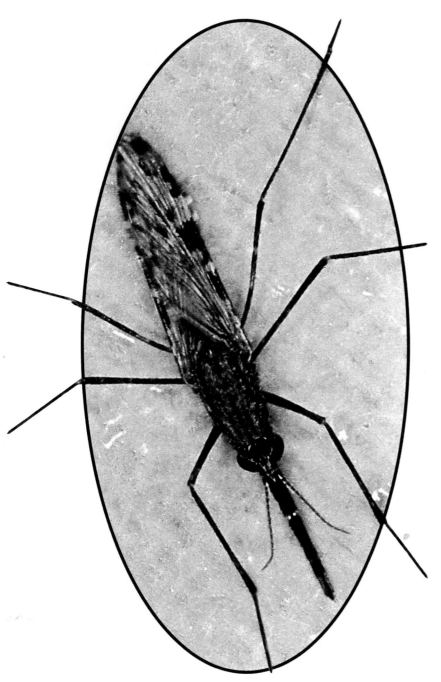

Todos los animales pasan por una serie de **etapas** o cambios que se llama **ciclo de vida**. Primero, nacen o salen de un huevo. Luego crecen y cambian hasta que se convierten en adultos. Cuando es adulto, el mosquito puede **reproducirse**, o tener crías. Todos los mosquitos pasan por estas etapas durante su ciclo de vida.

Período de vida

El ciclo de vida de un animal no es igual a su **período de vida**. El período de vida es el tiempo en que un animal está vivo. Los mosquitos pueden vivir hasta cinco o seis meses, pero pocos viven tanto tiempo. La mayoría vive menos de tres semanas.

El ciclo de vida del mosquito

El mosquito comienza su vida dentro de un huevo. La cría del mosquito, llamada **larva**, sale del huevo. A medida que la larva crece, su **cutícula** o piel se le ajusta al cuerpo. Luego **muda** o cambia de cutícula. Cuando la larva alcanza su tamaño total, muda de piel por última vez. La larva ahora es una **pupa**. Su cuerpo cambia por completo durante esta etapa.

Este conjunto de cambios del cuerpo se llama **metamorfosis**. Cuando finaliza la metamorfosis, la cutícula de la pupa se abre en dos. **Emerge** un **imago**, o mosquito joven que pronto será un mosquito **maduro**. Los mosquitos maduros pueden **aparearse**, o unirse para tener crías. Después de aparearse, la hembra pone huevos. Con cada huevo comienza un nuevo ciclo de vida.

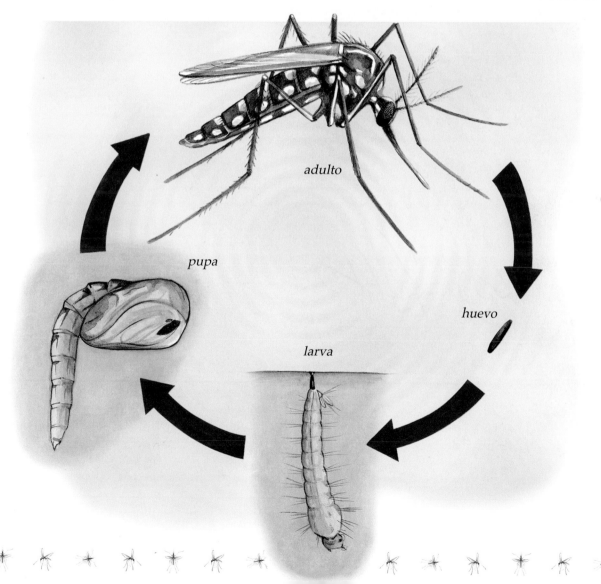

adulto

pupa

huevo

larva

9

Dentro del huevo

El mosquito comienza su ciclo de vida dentro de un huevo. Los mosquitos ponen la mayoría de los huevos en el agua. Algunas especies ponen los huevos en lugares que pronto quedarán **sumergidos**, como los declives en los que se forman charcos. Los huevos parecen diminutas semillas que flotan en el agua. Permanecen a flote en burbujas de aire en la superficie del agua.

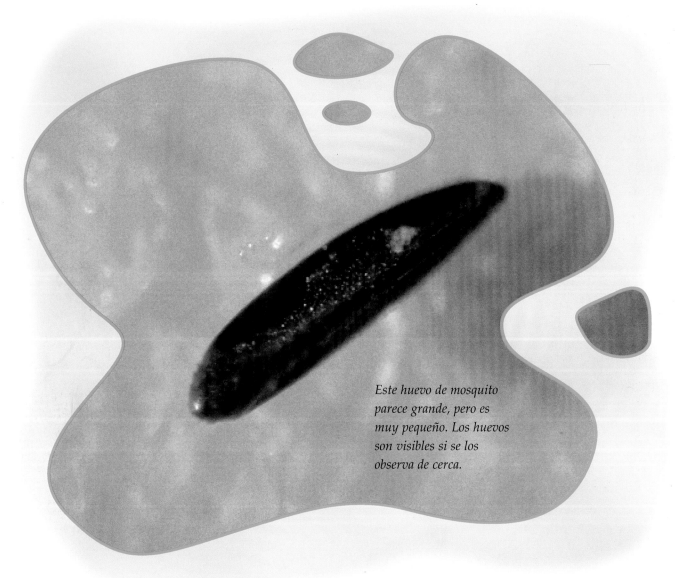

Este huevo de mosquito parece grande, pero es muy pequeño. Los huevos son visibles si se los observa de cerca.

De embrión a larva

Apenas se pone el huevo, el embrión o cría en desarrollo comienza a crecer en su interior. El **embrión** se forma con la cabeza hacia abajo y sale del huevo a los pocos días. La mayoría de los huevos se ponen y se abren al mismo tiempo. Las larvas que emergen de los huevos comienzan la siguiente etapa del ciclo de vida.

Apretados

Si el aire exterior es frío, los embriones pueden retrasar su desarrollo dentro de los huevos. Las temperaturas frías generalmente indican que se aproxima el invierno. Cuando la temperatura disminuye, los embriones quedan **durmientes** o inactivos. Una capa de nieve los ayuda a protegerse del viento y del hielo. No vuelven a estar activos hasta cuando se termina el invierno. Al subir la temperatura, continúan creciendo.

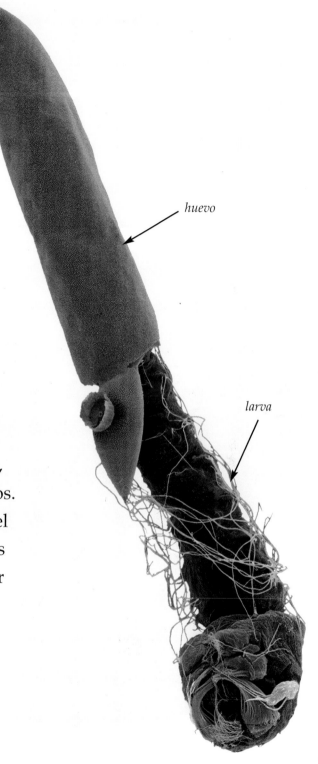

huevo

larva

Una cámara especial muestra un primer plano de una larva de mosquito al salir del huevo.

Pequeñas larvas

Cuando una larva sale del huevo, nada una o dos pulgadas (entre 2.5 y 5 cm) hacia abajo antes de aparecer en la superficie del agua. La larva no se parece a los adultos. Su cuerpo largo y delgado está cubierto de vellos que la ayudan a mantenerse quieta en posición vertical en el agua, como ves en la ilustración. Los vellos también le permiten percibir los movimientos que ocurren a su alrededor.

Las larvas deben respirar aire para sobrevivir. Muchas especies respiran asomando la cola fuera del agua. Dentro de la cola tienen tubos respiratorios que les sirven para respirar sobre la superficie del agua. Algunas especies no tienen tubos respiratorios y deben obtener el aire de otras maneras. Algunos sujetan la cola a los tallos de plantas y respiran de las burbujas de aire que hay dentro de las plantas.

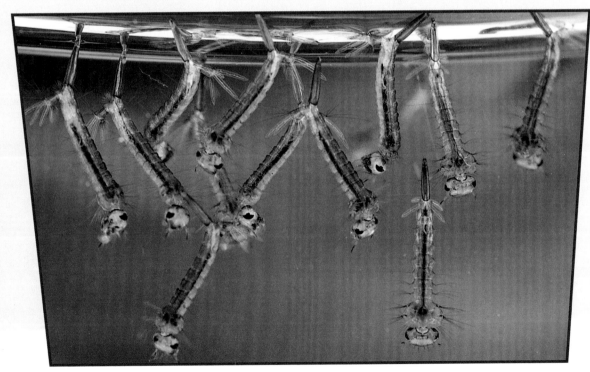

Estas larvas permanecen cerca de la superficie del agua para respirar.

¡A comer!

La larva debe comer mucho para poder crecer. Para alimentarse agita las **cerdas** o pelos que le rodean la boca. Las cerdas se mueven en el agua varias veces por segundo para acercar la comida a la boca. Las larvas comen plantas y animales diminutos así como otras **partículas** de comida que flotan en el agua.

Una nueva piel

La larva come la mayor cantidad de alimento posible para crecer. Sin embargo, su cutícula no crece. Cuando la larva es demasiado grande para su cutícula, la muda. Una nueva cutícula se encuentra lista debajo de la vieja. Las larvas mudan de piel cuatro veces.

Las larvas y las pupas de algunas especies sujetan el cuerpo al tallo de las plantas acuáticas para obtener aire.

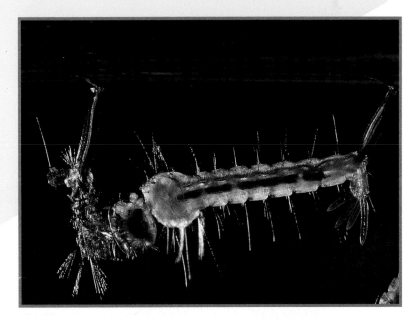

Una larva se come la cutícula de otra larva.

La pupa se transforma

Cuando la larva de mosquito muda de piel por última vez, se convierte en pupa. La cutícula de la pupa es blanda al principio, pero al poco tiempo se endurece. Los mosquitos sufren los mayores cambios de su vida cuando son pupas.

Cuando la larva muda de piel por última vez, emerge una pupa.

Bichos curvados

La pupa no se parece a la larva. Su cuerpo es ahora curvado. La cabeza y el tórax se unen para formar el **cefalotórax**. El cefalotórax flota cerca de la superficie del agua. Tiene dos **trompetas** o tubos respiratorios. La pupa debe emerger del agua periódicamente para sacar las trompetas del agua. La pupa puede respirar sólo cuando las trompetas se asoman a la superficie del agua.

La pupa tiene ojos en el cefalotórax, pero no tiene boca. No come durante esta etapa de su ciclo de vida.

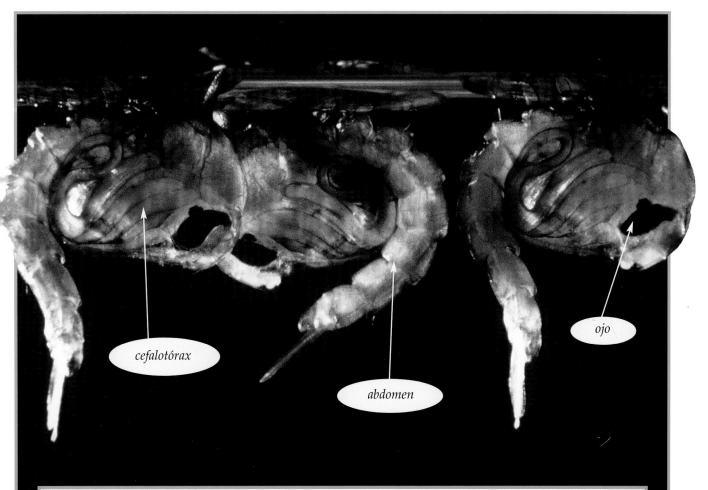

cefalotórax

abdomen

ojo

Trasladarse

Los grandes ojos de la pupa detectan los movimientos que se producen por encima y por debajo de la superficie del agua. Si la pupa percibe movimientos a su alrededor, se aleja del peligro. Se hunde en el agua batiendo el abdomen, que parece una cola. Los **segmentos** o secciones del abdomen son móviles. Unas partes especiales que hay en el último segmento la ayudan a moverse en el agua.

¿Qué pasa ahí?

Dentro de la cutícula, la pupa completa la metamorfosis para convertirse en mosquito adulto. Su cuerpo se **disuelve** o descompone y se forma el cuerpo del adulto: **exoesqueleto**, alas y **órganos**. Cuando finaliza la metamorfosis, hay un imago dentro de la cutícula de la pupa. El imago luego se estira debajo de la superficie del agua. Su cutícula se abre en dos y el imago emerge.

Emerge un adulto

Al comienzo, el cuerpo del imago es muy blando. El imago debe ocultarse hasta que termina de crecer. En cuanto puede, por lo general media hora después de emerger, vuela a un lugar protegido.

Después de un día o dos, el imago madura por completo. Durante esta última etapa de su ciclo de vida el mosquito no puede vivir debajo del agua porque ya no puede nadar. ¡Ahora puede volar!

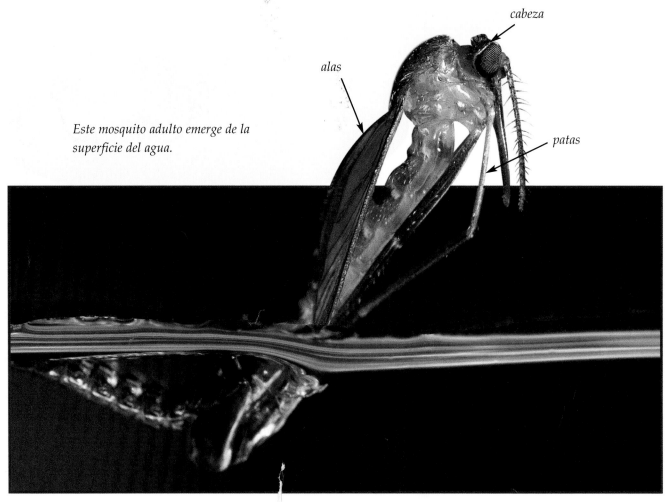

Este mosquito adulto emerge de la superficie del agua.

alas

cabeza

patas

Dulce néctar

Al poco tiempo, el adulto está listo para buscar su primera comida. Los machos y hembras adultos se alimentan periódicamente de jugos de frutas y **néctar**, un líquido dulce producido por las flores. Las hembras de muchas especies también necesitan comer un alimento especial: sangre. Si deseas más información sobre por qué los mosquitos necesitan beber sangre, consulta las páginas 20 y 21.

Mantenerse calientes

Los mosquitos adultos son menos activos en el clima frío. Durante el invierno, algunas especies **hibernan**. A menudo, los mosquitos hibernan en lugares protegidos como madrigueras, leños huecos e incluso sótanos de edificios.

Listo para aparearse

A los pocos días de vida, el mosquito está listo para aparearse. En general, el apareamiento se realiza al amanecer o al atardecer. En algunas especies, los mosquitos machos forman un **enjambre** o nube cerca de un **indicador de enjambre**, como un edificio, un árbol o incluso un animal. Cuando las hembras encuentran un enjambre, entran una por una. El **aleteo de sus alas** les avisa a los machos que son hembras. Muchos machos se acercan a la misma hembra, pero sólo uno se aparea con ella. Los mosquitos se aparean por el abdomen. El **esperma** del cuerpo del macho **fecunda** los huevos de la hembra, o sea que hace que crezcan larvas dentro de ellos. Las hembras generalmente se aparean sólo una vez en la vida, pero los machos lo hacen a menudo.

Cuando los mosquitos están listos para aparearse, el macho vuela debajo de la hembra y acerca su admonen al de ella.

Moverse con ritmo

El zumbido de un mosquito es el sonido que hacen sus alas al agitarse para volar. Según la especie, las alas del mosquito pueden batirse entre 250 y 600 veces por segundo. Los machos usan las antenas para detectar el aleteo de una hembra. Se sabe que los machos forman enjambres cerca de máquinas que producen un ruido parecido al del aleteo de las hembras.

Los científicos no están seguros de por qué los mosquitos usan ciertos objetos como indicadores de enjambre. Los animales grandes, como este alce americano, pueden ser indicadores de enjambre porque su cuerpo despide calor.

Las picaduras de mosquito

Después de aparearse, los huevos de la hembra quedan fecundados. Algunas especies de mosquitos necesitan comer un alimento especial antes de poner huevos. Cuando la hembra de una de estas especies se ha apareado, sale a alimentarse de **sangre**. La sangre animal contiene los **nutrientes** que necesita para los huevos.

Cuando la hembra encuentra un animal para picar, aterriza sobre él. Usa dos pares de **estiletes**, o aparatos cortantes, para romper la superficie de la piel del animal. Luego introduce la probóscide en la piel para encontrar un **vaso sanguíneo**, o tubo por el que corre la sangre.

El abdomen de este mosquito se ensancha para recibir más sangre.

La probóscide sagaz

La probóscide tiene dos tubos. El mosquito succiona la sangre del animal a través de uno de los tubos. La saliva del mosquito pasa al vaso sanguíneo del animal a través del otro tubo. La **saliva** evita que la sangre del animal **se coagule**. Así la sangre fluye fácilmente mientras que el mosquito bebe la mayor cantidad posible.

Barriga llena...

El mosquito necesita menos de dos minutos para llenarse el estómago de sangre. Al tener el estómago lleno, su cuerpo es pesado y le resulta difícil volar al principio. Cuando puede, vuela hasta otra superficie en la que digiere la comida. Luego, busca un lugar seguro para descansar durante algunos días. En este tiempo, los huevos crecen en el interior de su cuerpo. Sólo abandona su lugar de refugio para comer néctar algunas veces.

La mayoría de los mosquitos que beben sangre pican aves, reptiles o animales peludos. Sólo algunas especies pican a los seres humanos.

Poner huevos

Cuando una hembra está lista para poner huevos, busca un buen lugar. Todas las especies de mosquitos ponen sus huevos en el agua o cerca de ella porque los huevos necesitan estar cubiertos de agua cuando se rompen. Algunas especies ponen huevos en tierra húmeda que casi siempre está cubierta de agua. Sin embargo, la mayoría de las especies ponen huevos en la superficie de **aguas estancadas**. Las lagunas, marismas, piletas, charcos, barriles, piletas para pájaros y canaletas tapadas son lugares en los que los mosquitos ponen huevos.

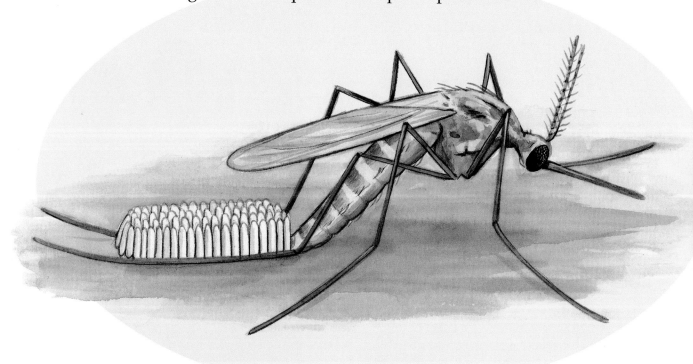

Para poner huevos el mosquito cruza las patas traseras y baja el abdomen. Pone los huevos uno por uno. Cada vez que sale un huevo, zarandea el cuerpo. Este movimiento hace girar el huevo para que el embrión crezca con la cabeza apuntando hacia abajo.

Hileras de huevos

Las hembras de algunas especies ponen sus huevos de a uno y los colocan sobre la superficie del agua. Otras especies los sujetan a plantas. Muchas especies de mosquitos forman **masas de huevos** que contienen entre 100 y 300 huevos. Para formarlas, la hembra sostiene los huevos entre las patas mientras los acomoda, como se muestra en la página 22. Algunas especies vigilan las masas, pero la mayoría las dejan a flote y no vuelven a verlas.

Una vez en la vida

La mayoría de las hembras mueren al poner huevos por primera vez. Sin embargo, las que sobreviven pueden poner más huevos. Almacenan un poco de esperma en el cuerpo después de aparearse y pueden usarlo después para fecundar más huevos. Antes de poner nuevos huevos, la hembra debe beber más sangre.

Los huevos de mosquito generalmente son de color claro al principio, pero al día siguiente se ponen de color negro o marrón.

Una vida peligrosa

Los mosquitos enfrentan muchos peligros durante su corta vida. Muchos no sobreviven después de la primera o segunda etapa del ciclo. A menudo algo destruye el huevo antes de que salga la larva. Las larvas a veces no obtienen el alimento necesario mientras crecen.

Algunas larvas y pupas mueren si las condiciones en las que viven se alteran. Además se las comen muchos **depredadores**, es decir, animales que se comen a otros animales. Sus depredadores comprenden peces, aves, ranas arbóreas, serpientes y arañas.

*Los mosquitos en todas las etapas del ciclo de vida pueden servir de alimento a plantas **carnívoras**. Este rocío del sol ha atrapado a un mosquito adulto.*

¡Peligro en todos lados!

Los depredadores representan un peligro constante para los mosquitos. El pez mosquito se alimenta de larvas bajo el agua. Otros depredadores, como los tejedores, cazan desde arriba. Si una larva detecta a un tejedor, se zambulle en el agua para ocultarse en el fondo, pero aún así no está a salvo. Los escarabajos voladores, otros depredadores, se sumergen en el agua para atrapar larvas.

Un banquete de mosquitos

Los mosquitos adultos son el alimento favorito de muchos animales. A menudo las hormigas se comen a los mosquitos que están descansando después de beber sangre. Los nutrientes de un estómago lleno de sangre atraen a los depredadores. Los murciélagos también son excelentes cazadores de mosquitos. Para encontrar mosquitos por la noche usan la **ubicación por eco**, que es la capacidad de ubicar objetos por medio del sonido.

*Los mosquitos son miembros importantes de muchas **cadenas alimentarias**. Una cadena alimentaria está formada por depredadores y sus **presas**, o sea, los animales que les sirven de alimento a los depredadores.*

¡Cuidado!

Los mosquitos que pican a los seres humanos pueden ser peligrosos si transmiten **enfermedades** graves. Muchas enfermedades son causadas por **parásitos**, que son animales que viven dentro del cuerpo de otros animales. Si un mosquito bebe la sangre de un animal que tiene una enfermedad, también consumirá los parásitos que viven en la sangre. Los parásitos no enferman a los mosquitos, pero éstos se pueden convertir en **portadores** de parásitos. Cuando pican a otros animales les transmiten los parásitos. En ese momento los parásitos pueden provocar enfermedades.

Estos neumáticos viejos almacenan agua. Son lugares ideales para que los mosquitos pongan huevos. Si los mosquitos que viven aquí transmiten enfermedades, cualquier persona o animal que viva cerca puede estar en peligro de contraerlas.

Enfermarse

No todas las enfermedades se transmiten a través de mosquitos, pero muchas lo hacen. Los mosquitos pueden propagar la malaria, la fiebre amarilla, el dengue, la encefalitis y el virus del Nilo occidental. La malaria, la fiebre amarilla y el dengue son muy comunes en regiones cercanas al ecuador. El virus del Nilo occidental y otros tipos de encefalitis se encuentran en América del Norte. Hay tratamientos, **vacunas** y curas para algunas de estas enfermedades, pero muchas personas y animales las padecen y mueren a causa de ellas.

El virus del Nilo occidental, que ves aquí, es una amenaza cada vez mayor para las personas en América del Norte.

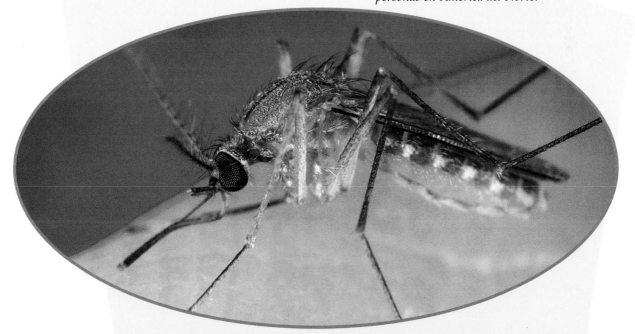

El mosquito doméstico del sur es una de las especies que transmite el virus del Nilo occidental. El virus generalmente se transmite por mosquitos que se alimentan de pájaros infectados y luego pican a los humanos.

Cómo protegerse

¿Cómo encuentran los mosquitos a sus víctimas? ¿Cómo puedes evitar que te piquen? Los mosquitos usan los sentidos para buscar sangre. Por ejemplo, ¿sabías que los movimientos, como los manotazos, te convierten en un blanco fácil? Los mosquitos huelen una sustancia química llamada **ácido láctico** que produces al mover los músculos. También huelen el **dióxido de carbono**, que es un gas que los animales exhalan al respirar. El aroma de este gas es más fuerte que el aire, de manera que desciende hacia al suelo. Los mosquitos vuelan bajo para poder percibir estos aromas con sus antenas. No puedes parar de moverte o de respirar para evitar las picaduras de mosquitos, pero puedes hacer otras cosas.

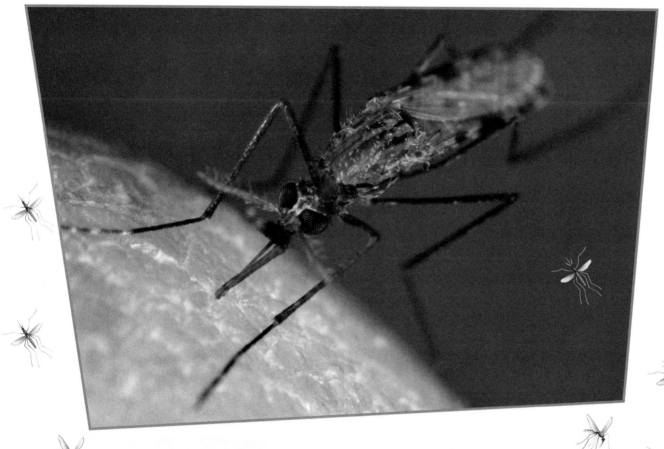

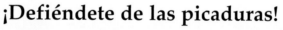

¡Defiéndete de las picaduras!

Los siguientes consejos son útiles si pasas mucho tiempo al aire libre.

- Cuando estés al aire libre fíjate si hay mosquitos en los alrededores.

- Los mosquitos perciben mejor los colores oscuros que los claros. También perciben el calor de tu cuerpo. Usa ropa de color claro, como un sombrero, una camisa de mangas largas y pantalones largos. Si tu piel permanece cubierta, el calor del cuerpo es más difícil de detectar.

- Procura no salir al aire libre al amanecer y al atardecer, cuando los mosquitos están más activos.

- Pídele a un adulto que te ayude a aplicar un **repelente contra insectos**. Quítate el repelente con agua cuando vuelvas a entrar a la casa.

- Si un mosquito te pica, lávate el lugar de la picadura con jabón y agua. Ponte una bolsa de hielo sobre la picadura. Pídele a un adulto que te aplique loción de calamina u otra crema para controlar la picazón. El vinagre también alivia la picazón.

- No olvides avisarle a un adulto si te pica un mosquito.

Aprende más

Ahora que ya sabes por qué pican los mosquitos y cómo evitar las picaduras, descubre otras características fascinantes sobre estos insectos increíbles. Los mosquitos son algunas de las criaturas más interesantes de la Tierra y hay mucho por aprender sobre ellos.

*Podemos ahuyentar a los mosquitos de nuestros hogares sin usar peligrosos **pesticidas**, o productos químicos para matar insectos. Eliminemos las aguas estancadas, por ejemplo, los charcos, y cambiemos el agua de la pila para pájaros todos los días.*

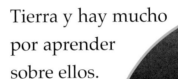

Cómo alejarlos

Los científicos estudian a los mosquitos para aprender más sobre la manera en la que funciona su cuerpo y sobre las enfermedades que transmiten. También inventan métodos para evitar el contacto cercano entre los mosquitos y los humanos. Muchos pueblos y ciudades se esfuerzan por mantener a los mosquitos alejados de las áreas en las que viven las personas. Descubre cómo puedes alejar a los mosquitos de tu propia casa y jardín. Asegúrate de que tu familia, amigos y vecinos lo sepan también.

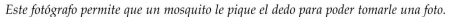

Este fotógrafo permite que un mosquito le pique el dedo para poder tomarle una foto.

Glosario

Nota: Es posible que las palabras en negrita que están definidas en el libro no aparezcan en el glosario.

camuflaje Marcas o colores que le permiten a un animal mezclarse con el ambiente que lo rodea

digerir Descomponer comida para que el cuerpo pueda obtener energía

esperma Líquido reproductor de un animal macho

exoesqueleto Cubierta dura exterior que cubre el cuerpo de un insecto

hibernar Entrar en un estado de sueño profundo durante los meses fríos

indicador de enjambre Lugar alrededor del cual los mosquitos machos se reúnen para atraer a las hembras

insecto Animal que no tiene columna vertebral y que posee seis patas, una cabeza, un tórax, un abdomen

órgano Parte del cuerpo que cumple una tarea específica, como bombear sangre

repelente contra insectos Spray o loción con aromas que confunden a los insectos y los alejan

saliva Líquido que se usa para disolver la comida

vacuna Dosis pequeña de un agente infeccioso que prepara al cuerpo para protegerse en caso de una infección grave

Índice

1 2 3 4 5 6 7 8 9 0 Impreso en Canadá 4 3 2 1 0 9 8 7 6 5